BEI GRIN MACHT SICH IHR WISSEN BEZAHLT

AF136132

- Wir veröffentlichen Ihre Hausarbeit,
  Bachelor- und Masterarbeit

- Ihr eigenes eBook und Buch -
  weltweit in allen wichtigen Shops

- Verdienen Sie an jedem Verkauf

Jetzt bei www.GRIN.com hochladen
und kostenlos publizieren

Bibliografische Information der Deutschen Nationalbibliothek:

Die Deutsche Bibliothek verzeichnet diese Publikation in der Deutschen National-
bibliografie; detaillierte bibliografische Daten sind im Internet über http://dnb.d-
nb.de/ abrufbar.

Impressum:

Copyright © 2019 GRIN Verlag
Druck und Bindung: Books on Demand GmbH, Norderstedt Germany
ISBN: 9783346122643

Dieses Buch bei GRIN:

https://www.grin.com/document/535745

Michelle Kreps

Planung für ein Beweglichkeits- und Koordinationstraining

GRIN Verlag

GRIN - Your knowledge has value

Der GRIN Verlag publiziert seit 1998 wissenschaftliche Arbeiten von Studenten, Hochschullehrern und anderen Akademikern als eBook und gedrucktes Buch. Die Verlagswebsite www.grin.com ist die ideale Plattform zur Veröffentlichung von Hausarbeiten, Abschlussarbeiten, wissenschaftlichen Aufsätzen, Dissertationen und Fachbüchern.

Besuchen Sie uns im Internet:

http://www.grin.com/

http://www.facebook.com/grincom

http://www.twitter.com/grin_com

Deutsche Hochschule für

Prävention und Gesundheitsmanagement

Einsendeaufgabe

Fachmodul: Trainingslehre 3

Studiengang: Gesundheitsmanagement

Datum

Präsenzphase   **16.09.2019 – 18.09.2019**

Name, Vorname: Kreps, Michelle

Studienort: **Düsseldorf**

Semester: **WS 2017**

Inhaltsverzeichnis

1 Anamnese

Im folgenden Kapitel werden allgemeine Daten, sowie Informationen zum Gesundheits-zustand der Testperson tabellarisch dokumentiert. Alle Personendaten beziehen sich auf eine fiktive Person und dienen der Erstellung eines Trainingsplanes für ein Beweglich-keits- und Koordinationstraining.

Tab. 1: Anamnese der Testperson (eigene Darstellung)

Alter	26
Geschlecht	männlich
Größe	1,88m
Gewicht	82kg
Trainingsmotive	Ausgleich zur monotonen Arbeitshaltung Gleichgewicht verbessern Koordination und Beweglichkeit im Alltag verbessern
Berufliche Tätigkeit	Mediendesigner (Büroangestellter)
Sportliche Aktivität	Frühere Aktivitäten: Spielte bis vor 5 Jahren noch aktiv 4x die Woche 90min Handball (Kreisliga) Aktuelle Aktivitäten: Keine
Zeitl. Verfügungsrahmen	3x die Woche á 60min
Orthopädische Probleme Internistische Probleme	Beschwerden im LWS Bereich (L4 und L5)
Ärztliche Behandlung	Nein
Einnahme v. Medikamenten	Nein
Gesundheitliche Einschränkungen	Nein

Die Testperson weist keinerlei gesundheitlichen Einschränkungen auf und befindet sich aktuell nicht in ärztlicher Behandlung. Demzufolge kann man dem Anamnesebogen ent-nehmen, dass die Testperson an einem Beweglichkeits- und Koordinationstraining teil-nehmen kann und voll belastbar ist. Seine frühere sportliche Aktivität weist ebenfalls darauf hin, dass die Testperson auf einem mittleren Fitnesslevel ist und voll trainierbar ist.

2 Beweglichkeitstestung

Im folgenden wird mit der Testperson eine vereinfachtes Testverfahren in Anlehnung an die Muskelfunktionsüberprüfung nach Janda (2000) durchgeführt. Es dient zur Analyse der Beweglichkeit, Muskelschwächen und muskulären Dysbalancen. In diesem Testverfahren werden manuell fünf Muskelgruppen mit der Hilfe eines Testers überprüft und anschließend mit Normwerten verglichen und ausgewertet.

Tab. 2: Beweglichkeitstest (eigene Darstellung)

Muskel	Durchführung
M. pectoralis major	Die Testperson legt sich in Rückenlage auf eine Behandlungsliege. Die Beine sind angewinkelt und die Füße haben Kontakt mit der Auflagefläche. Durch leichten Zug mit dem Unterarm in diagonaler Richtung von der zu testenden Seite weg, fixiert die Testperson den Thorax. Das Schultergelenk befindet sich in einer Abduktion und Außenrotation. Das Ellbogengelenk ist 90° angewinkelt. Die Position des Oberarms zur Horizontalen dient als Messbereich (Janda, 2000, S.270).
M. iliopsoas	Die Testperson legt sich in Rückenlage auf eine Behandlungsliege. Das Gesäß wird am Rand der Liege fixiert und die Beine hängen herunter. Die Testperson winkelt ein beliebiges Bein maximal zum Körper an und das andere Bein bleibt im Überhang. Als Messbereich gilt der Hüftbeugewinkel (Janda, 2000, S. 258).
M. rectus femoris	Die Testperson legt sich mit dem Rücken auf eine Behandlungsliege und fixiert sein Gesäß an dem Rand der Liege. Die Beine der Testperson befinden sich im Überhang und ein beliebiges Bein wird zum Körper heran angewinkelt. Das andere Bein wird durch den Tester im maximal möglichen Hüftextension und das selbe Bein in eine maximal möglichen Kniebeugewinkel gebracht. Als Messbereich gilt der Kniebeugewinkel (Janda, 2000, S. 258).
Mm. ischiocrurales	Die Testperson legt sich mit dem Rücken auf eine Behandlungsliege. Das nicht getestete Bein legt eine Flexion im Hüft- und Kniegelenk ein. Das aktive Bein wird von dem Tester in eine Knieextension gebracht und anschließend in eine maximal mögliche Hüftflexion geführt. Der Winkel zwischen der Beinachse und der Longitudinalachse gilt als Messbereich (Janda, 2000, S. 261).
Mm. triceps surae	Die Testperson legt sich mit dem Rücken auf eine Behandlungsliege. Das inaktive Bein ist in einer Flexion im Knie platziert. Das aktive befindet sich in einer Extension und die distale Hälfte des Unterschenkels ragt über die Liege hinaus. Der Tester greift mit einer Hand distal am Calcaneus und mit der anderen Hand an der Fußaußenkante. Es wird mit einem Zug an der Ferse ausgeübt und und distalwärts gezogen. Währenddessen drückt den Daumen der anderen Hand den Vorfuß vorsichtig in Richtung Schienbein. Als Messbereich gilt der Dorsalextensionswinkel (Janda, 2000, S. 255).

Tab. 3: Normwerte und Testergebnisse (eigene Darstellung)

Stufe	Muskel: M. pectoralis major (Janda, 2000, S.271)	Testauswertung	
		Links	Rechts
0	Keine Beweglichkeitsdefizite; Oberarm erreicht Horizontale; der Tester kann durch leichten Druck den Oberarm unter die Horizontale drücken.	X	X
1	Leichte Beweglichkeitsdefizite; Oberarm erreicht die Horizotale nicht; mit Druck des Testers kann die Horizontale erreicht werden.		
2	Deutliche Beweglichkeitsdefizite; Oberarm erreicht Horizontale nicht; mit Druck des Testers kann die Horizontale nicht erreicht werden.		

Stufe	Muskel: M. iliopsoas (Janda, 2000, S.259)	Testauswertung	
		Links	Rechts
0	Keine Beweglichkeitsdefizite; Oberschenkel erreicht Horizontale; der Tester kann durch leichten Druck den Oberschenkel unter die Horizontale drücken.		
1	Leichte Beweglichkeitsdefizite; Leichte Hüftbeugestellung; mit Druck des Testers kann die Horizontale erreicht werden.	X	X
2	Deutliche Beweglichkeitsdefizite; Oberschenkel erreicht Horizontale auch mit Druck nicht.		

Stufe	Muskel: M. rectus femoris (Janda, 2000, S.259)	Testauswertung	
		Links	Rechts
0	Keine Beweglichkeitsdefizite; Unterschenkel hängt senkrecht herab; durch leichten Druck des Testers kann die Knieflexion vergrößert werden.	X	X
1	Leichte Beweglichkeitsdefizite; Unterschenkel hat eine leichte Extension nach vorne; mit Druck des Testers kann ein 90° Winkel in der Kniekehle erreicht werden.		
2	Deutliche Beweglichkeitsdefizite; Unterschenkel hat eine deutliche Extension nach vorne; mit Druck des Testers kann kein 90° Winkel ereeicht werden.		

Stufe	Muskel: Mm. ischiocrurales (Janda, 2000, S.262)	Testauswertung	
		Links	Rechts
0	Keine Beweglichkeitsdefizite; im Ausmaß von 90° ist eine Flexion im Hüftgelenk möglich.	X	X
1	Leichte Beweglichkeitsdefizite; im Ausmaß von 80-90° ist eine Flexion im Hüftgelenk möglich.		
2	Deutliche Beweglichkeitsdefizite; die Hüftflexion ist nur unter 80° möglich.		

Stufe	Muskel: Mm. triceps surae (Janda, 2000, S.255)	Testauswertung	

		Links	Rechts
0	Keine Beweglichkeitsdefizite; Dorsalextension ist mindestens bis zur 0°-Stellung möglich (90° zwischen Fuß und Unterschenkel).	X	X
1	Leichte Beweglichkeitsdefizite; 0°-Stellung kann nicht erreicht werden; Dorsalextension ist dennoch möglich.		
2	Deutliche Beweglichkeitsdefizite; Dorsalextension ist nur bis 10° unterhalb der 0°-Stellung möglich.		

Die Testauswertung hat ergeben, dass die Testperson einen uneingeschränkten Beweglichkeitszustand besitzt. Außer beim M. iliopsoas, dort weißt die Testperson sowohl rechts, als auch links einen leichten Beweglichkeitsdefizit auf.

3 Trainingsplanung Beweglichkeitstraining

Das Ziel dieses Beweglichkeitstrainings liegt darin, das Gleichgewicht der Testperson zu verbessern und einen Ausgleich zu seiner monotonen Arbeitshaltung zu schaffen. Das Hauptaugenmerk wird dabei auf den M. iliopsoas gelegt, zur Wiederherstellung der kompletten Beweglichkeit.

3.1 Belastungsgefüge

Für ein sinnvolles Training muss regelmäßig ein Reiz gesetzt werden. Laut Schönthaler und Ohlendorf (2002) wird der größte Effekt erreicht, wenn man sich deutlich über der Dehngrenze und knapp vor der maximalen Bewegungsreichweite (siehe Tab. 2). Die Trainingseinheiten beruhen sich auf 3-5 Mal pro Woche á 15-30 min. Die Dehndauer beträgt ca. 30-45sek. pro Einheit und wird dann mind. 10 Sekunden gehalten. Angepasst an den zeitlichen Verfügungsrahmen wurde in Tabelle 3 das Belastungsgefüge für die Testperson festgelegt.

Tab. 4: Grenzwerte der Dehnintensität (eigene Darstellung)

Dehnschwelle	Beginn des Dehnreizes
Dehngrenze	Beginn des Dehnschmerzes
Maximale Bewegungsreichweite	Gelenkwinkel bei maximal tolerierbarem Dehschmerz

Tab. 5: Belastungsgefüge der Testperson fürs Beweglichkeitstraining (eigene Darstellung)

Belastungsparameter	Optimalprogramm
Trainingseinheiten pro Woche	3
Trainingsdauer	30min
Serienzahl	3
Dehndauer	30sek.
Dehnintensität	Dehnschwelle

3.2 Übungsauswahl

Als nächstes werden die nach ausgewählten Dehnübungen näher beschrieben. Zudem wird beschrieben welcher Zielmuskel getroffen wird und mit welcher Methode dieser Zielmuskel gedehnt wird.

3.2.1 Hals und Nacken

Die Testperson stellt sich in einer aufrechten Position auf den Boden. Der Rücken ist gerade und der Kopf ist die Verlängerung der Wirbelsäule. Die Schultern hängen tief. Die Füße sind schulterbreit aufgestellt und die Knie leicht gebeugt. Das ist die Ausgangsposition für das Dehntraining.

Für die Dehnung der Nackenmuskulatur neigt sich der Kopf mit geradem Blick zu einer Schulter. Dabei geht die entgegengesetzte Schulter in eine Depression. Diese Position wird dann 30sek gehalten. Somit wird der m. trapezius pars ascendens als antagonistischer Muskel kontrahiert und verursacht eine aktiv-statische Dehnung. Dieser Vorgang wird dann jeweils 3 Mal pro Seite wiederholt mit einer Pause von 10sek.

Diese Dehnübung wurde als erste Dehnübung ausgesucht, da sie vom Schwierigkeitsgrad und der Koordination leicht umzusetzen ist. Sie beugt Nackenverspannungen vor und löst ihn von seiner monotonen Arbeitshaltung (Klion & Jacobson, 2013, S.179).

3.2.2 Schulterblattfixatoren

Die Testperson geht in die Ausgangsposition (siehe Übung 1). Anschließend werden die Arme in einer Anteversion geführt und auf Schulterhöher gehalten. Die Hände halten sich fest. Das Kinn wird auf der Brust aufgelegt. Die Arme werden nun nach vorne gedrückt und die scapula nach hinten gedrückt. Die Schultern bleiben tief.

Hierbei wird der Mm. Rhomboidei, der M. Trapezius und der M. erector spinae gedehnt.

Diese Dehnübung ist statisch, da die Position 30sek. gehalten wird und passiv, da die Bewegungsamplitude im Gelenk , und äußeren Einwirkungen erreicht wird (Grosser, 2008, S.153 f.).

3.2.3 Brust

Die Testperson geht in Ausgangsposition (siehe Übung 1). Die Arme befinden sich in einer leichten Flexion. Anschließend gehen die Arme in eine Abduktion auf Schulterhöhe. Die Handflächen rotieren in eine Supination. Die Daumen zeigen nach hinten. Für die aktive Dehnung wird der M. erector spinae kontrahiert. Zusätzlich werden die Arme wechselhaft nach hinten gedrückt und wieder nach vorne geführt, sodass eine dynamische Dehnung des m. pectoralis majors und m. pectoralis minors entsteht.

3.2.4 Bauch und Rücken

Die Testperson befindet sich in der Ausgangsposition (siehe Übung 1). Ein Bein wird hinter dem anderen Bein gekreuzt. Zusätzlich werden beide Arme der Testperson über dem Kopf verschränkt. Um die Dehnung einzunehmen geht die Testperson in eine Lateralflexion und hält diese 30sek. lang. Nach 30sek. kehrt die Testperson in die Ausgangslage wieder zurück und nach 10sek. Pause wird diese Übung 3 Mal pro Seite wiederholt.

Bei dieser Übung werden m. rectus abdominis, m. obliquus externus abdominis, m. obliquus internus abdominis, m. latissimus dorsi und m. erector spinae mit einer passivstatischen Dehnmethode gedehnt.

3.2.5 Hüftbeuger

Die Testperson bringt sich in Ausgangslage (siehe Übung 1). Von hier aus wird ein großer Schritt nach vorne gemacht. Das hintere Bein sinkt zu Boden und liegt waagerecht auf dem Boden. Das vordere Knie befindet sich in einer 90° Flexion hinter dem Fuß. Das Becken wird reziprok nach vorne unten geschoben und wieder verlassen. Diese aktiv-dynamische Übung dehnt den m. iliopsoas und den m. rectus femoris.

Da die Testperson im Beweglichkeitstest zu Beginn ein leichtes Defizit in dem m. iliopsoas aufwies, wird hier bis zur Dehngrenze gedehnt.

Damit die Bewegungsamplitude erweitert werden kann und das Defizit behoben wird, wird diese Übung dynamisch bis zur Dehngrenze ausgeführt (Grosser, 2008, S.153 f.).

3.2.6 Oberschenkelvorderseite

Die Testperson befindet sich in einer aufrechten Position und die Füße stehen hüftbreitem Stand. Der Rücken ist gerade und der Kopf befindet sich mit dem Blick nach vorne.

Die Testperson greift mit einer Hand das gleichseitige Bein knapp über dem Sprungge-
lenk und zieht die Ferse möglichst nah zum Gesäß und wird nachgefedert. Somit entsteht eine passiv-dynamische Dehmethode.

Langes Sitzen im Büro kann es dazu führen, dass der m. quadriceps femoris (der mit
dieser Übung gedeht wird) auf Dauer verhärtet oder verkürzt und mit einem kontinuier-
lichen Dehntraining kann dies vorgebeugt werden.

3.2.7 Adduktoren

Die Testperson stellt sich etwas breiter als schulterbreit auf. Anschließend wird ein Bein
zur Seite gebeugt und das andere Bein bleibt gestreckt. Die Arme stützen sich auf dem
gebeugten Bein ab. In dieser Position werden nun die Adduktoren 5-10sek. isometrisch
kontrahiert. Dann wird der Muskel wieder entspannt. Mit erhöhtem Dehnreiz wird die
Position wieder eingenommen und für 10sek gehalten. Dies wird dann im Wechsel für
50-60sek. wiederholt. Da die postisometrische Relaxation nach den ersten Sekunden der
Anspannungsphase am größten ist, sollte man beachten, dass nach der maximalen Kon-
traktion die Dehnposition wieder eingenommen werden muss (Weineck, 2004, S. 362).
Bei dieser Übung werden m. pectineus, m. adduktor longus und m. adduktor magnus
gedehnt.

3.2.8 Abduktoren

Die Testperson befindet sich in Rückenlage auf dem Boden. Beide Arme werde zur Seite gestreckt. Anschließend wird ein Bein zum Körper hingezogen und überkreuzt auf
anderen Körperseite positioniert. Dabei bleiben die Schulterblätter auf dem Boden lie-
gen und um die Dehnung zu verstärken muss das obere Bein weiter Richtung Boden gedrückt werden. Diese passiv-statische Dehnübung wird 30sek. gehalten und drei Mal
pro Seite wiederholt á 10sek. Pause.

Bei dieser Dehnübung wird nicht nur der m. tensor fasciae latae, sondern auch unterstüt-
zend der m. gluteus medius und m. gluteus minimus gedehnt. Mit dieser Beweglichkeit
in der Hüfte sind bessere Drehbelastungen möglich (Klion & Jacobson, 2013, S. 185).

3.2.9 Gesäß

Die Testperson liegt ausgestreckt dem Boden und bringt ein Knie in eine Flexion, sodass das Bein angewinkelt auf dem Boden steht. Das andere Bein liegt angewinkelt auf
dem anderen Knie. Beide Hände greifen unter das untere Bein und werden in Dehnposition gebracht. Die angewinkelten Beide werden mithilfe der Hände zur Brust geführt.
Somit wird eine passiv-statische Dehnung eingenommen. Die Zielmuskulatur dieser
Dehnübung ist der m. piriformis und m. gluteus maximus.

Des Öfteren entstehen muskuläre Dysbalancen zwischen stark ausgeprägten Hüftbeugern und schwach ausgeprägten Hüft-Abduktoren. Mit dieser Dehnung beugt man diese Dysbalance vor (Klion & Jacobson, 2013, S.191).

3.2.10 Waden

Die Testperson befindet sich in der Ausgangsposition (siehe Übung 1). Von hier aus stützt die Testperson sich mit den Händen an einer Wand ab. Ein Bein wird nach hinten gestreckt , wobei beide Fersen auf dem Boden bleiben. Der Rücken befindet sich in einer aufrechten Position und die Zehen zeigen nach vorne (Füße stehen parallel). Mit Hilfe einer federnden Bewegung entsteht eine passiv-dynamische Dehnung die 30 Sekunden lang eingenommen und wieder verlassen wird. Damit wird der m. grastrocnemius und m. soleus gedeht.

Das Ziel dieser Dehnübung ist es, das Verletzungsrisiko der Achillessehne zu reduzieren (Klion & Jacobson, 2013, S. 195).

4 Trainingsplanung Koordinationstraining

Im folgenden wird ein Koordinationsprogramm mit dem Schwerpunkt „Gleichgewicht" erstellt. Zu Beginn wird das Belastungsgefüge erstellt, anschließend die Übungsauswahl dokumentiert und zum Schluss begründet.

4.1 Belastungsgefüge

Tab. 6: Belastungsgefüge fürs Koordinationsprogramm (eigene Darstellung)

Trainingshäufigkeit pro Woche	3x pro Woche á 25 Minuten
Sätze	3
Satzpausen	30sek.
Haltedauer bei statischen Übungen	5-20 Sekunden
Wiederholungszahl bei dynamischen Übungen	5-30 Wiederholungen

4.2 Koordinationsprogramm

Tab. 7: Koordinationsprogramm (eigene Darstellung)

1	**Linienstand (statisch):** Die Testperson stellt sich aufrecht hin. Dabei hält er den Rücken und den Kopf gerade. Der Blick ist nach vorne gerichtet. Die Schultern werden tief gehalten. Die Füße stehen fest auf dem Boden in einer hüftbreiten Position. Das ist die Ausgangsposition. Die erste Übung wird in drei Schwierigkeitsstufen gestaffelt. Die Testperson positioniert aus der Ausgangslage einen Fuß vor den anderen, sodass er mit den Füßen in einer Linie steht. Anschließend werden beide Arme in eine Anteversion auf Schulterhöhe gebracht und statisch gehalten. Dabei bleiben die Augen geöffnet.
2	**Linienstand mit geschlossenen Augen (statisch):** Die Testperson befindet sich in der Ausgangsposition (siehe Übung 1). Ein Fuß wird vor den anderen Fuß aufgestellt, sodass er mit den Füßen auf einer Linie steht. Die Arme befinden sich wieder in einer Anteversion auf Höhe der Schultern. Jetzt werden die Augen zusätzlich geschlossen.
3	**Linienstand mit geschlossenen Augen (statisch) und Kopfbewegungen dynamisch):** Diese Übung wird exakt wie die zweite Gleichgewichtsübung ausgeführt mit einer zusätzlichen dynamischen Kopfbewegung. Der Kopf rotiert abwechselnd nach links und rechts, somit soll besonders die Wiederherstellung des Gleichgewichtes trainiert werden.
4	**Beidbeiniger Stand auf Balance Pad (statisch):** Die Testperson steht auf dem Balance Pad in der Ausgangsposition (siehe Übung 1) und hält diese Position 20sek. lang. Diese Übung wird insgesamt drei Mal wiederholt.
5	**Beidbeiniger Stand auf Balance Pad (statisch) mit geschlossen Augen und einem Ball:** Die Testperson begibt sich in die Ausgangsposition (siehe Übung 1) und hält zusätzlich einen Ball in der Hand, der 20 mal um die Lateralachse geführt wird. Zudem hält die Testperson die Augen geschlossen. Der Ball wird jeweils in zwei Durchgängen 20 Mal rechtsrum gedreht und in zwei Durchgängen linksrum gedreht.
6	**Einbeiniger Stand auf dem Balance Board:** Die Testperson stellt sich zentral auf das Balance Board, sodass das Gleichgewicht gleichmäßig gehalten werden kann. Anschließend wird ein Bein angehoben. Die Ferse, kleine Zehenballen, große Zehenballen und alle anderen Zehen leiben in stetigem Kontakt mit dem Balance Board. Rücken und Kopf bleiben auch bei dieser Übung in einer aufrechten Position. Die Beine werden pro Stz gewechselt.
7	**Einbeiniger Stand auf dem Balance Board mit geschlossenen** Augen: Die Testperson wiederholt den Ablauf der vorherigen Übung identisch und schließt zusätzlich die Augen, um sich noch mehr auf den Gleichgewichtssinn zu fokusieren.
8	**Einbeiniger Stand auf dem Balance Board mit geschlossenen Augen und schwingendem Bein:** Die Testperson stellt sich wie bereits in Übung 6 erläutert auf das Balance Board. Diese Übung wird jetzt im dritten Schwierigkeitsgrad ausgeführt. Das bedeutet,neben dem einbeinigen Stand auf dem Balance Board mit geschlossenen Augen,wird jetzt zusätzlich das freistehende Bein nach vorne und hinten geschwungen. (30sek jedes Bein á 2 Mal pro Seite).
9	**Einbeiniger Stand auf dem Boden mit Flexi Bar:** Die Testperson befindet sich in der Ausgangsposition (siehe Übung 1). Aus dieser Position aus wird ein Bein streckt nach hinten geführt und der Oberkörper nach vorne gebeugt. In der entgegengesetzten Hand wird eine Flexi Bar gehalten und geschwungen. Diese Position wird 30sek gehalten und nach 15sek Pause wird die Seite gwechselt. Jede Seite wird 2 Mal beansprucht.
10	**Einbeiniger Stand auf dem Boden mit Flexi Bar und nach hinten rotiertem Kopf:** Die Testperson wiederholt die vorherige Übung identisch und erweitert den Schwierigkeitsfaktor, indem der Kopf bei der selben Übung nach hinten rotiert wird.

4.3 Begründung

Die drei wichtigsten Fähigkeiten, um das Gleichgewicht zu trainieren, ist das Zusammenspiel vom Vestibularorgan, des propriozeptiven Systems und der visuellen Orientierung. Um zu Beginn des Gleichgewichtstrainings eine gute Basis zu schaffen, wurde zu Beginn nur auf das propriozeptive System eingegangen. Somit fokusiert man sich auf die Streckung der Wirbelsäulenmuskulatur und Aufrechterhaltung des Kopfes (Häfelinger & Schuba, 2010, S. 76). Die ersten drei Übungen werden bewusst auf einem stabilen Untergrund ausgführt, sodass die Testperson angenehm auf das Gleichgewichtstraining eingestellt weden kann. Damit wird der Fokus auf Propriozeption gelegt und die Streckmuskulatur wird aktiviert. Als zusätzlichen Störfaktor wird durch dasAugenschließen hinzugefügt. Damit wird die visuelle Orientierung mit trainiert. Ab der vierten Übung wird der stabile Untergrund mit Hilfsmitteln ausgetauscht, um ebenfalls das Vestibularorgan zu schulen. Dazu wird der Schwierigkeitsgrad von jeder Übung gesteigert, z.B. durch die Veränderung der äußeren Bedingungen (hinzufügen eines Balles und einer Flexi Bar).

5 Literaturrecherche

Für die Literaturrecherche zum Thema „Effekte des Dehnens im Hinblick auf eine Verletzungsprophylaxe" wurden die folgenden Studien gewählt:

Tab. 8: Studien zum Thema „Effekte des Dehnens im Hinblick auf eine Verletzungsprophylaxe" (eigene Darstellung)

	Studie 1	Studie 2
Autor	Schuber, A.	Pope, R. P., Herbert, R. D., Kirwan, J. D. und Graham, B. J.
Jahr	2013	2000
Forschungsfrage		Die Auswirkung von Muskeldehnung während des Aufwärmens auf das Risiko von körperlichen Verletzungen
Versuchspersonen	145 Badmintonspieler (71% Männer und 29% Frauen). Durchschnittsalter beträgt 33,5 Jahre. 82% sind aktive Wettkampfspieler, 18% Freizeitspieler und ehemalige Wettkampfspieler.	1538 männliche Armerekruten aus Australien
Versuchsaufbau	Das Training bestand aus 2 Trainingseinheiten á ca. 2 Stunden pro Woche. 86,3% haben ein Dehntraining durchgeführt. Davon wurde die statische Dehnmethode am häufigsten verwendet. Dabei haben sich ca. 75% der Befragten während des Aufwärmens	Eine Gruppe bestand aus 735 Rekruten. Diese dehnten vor intensiven Belastungen 6 unterschiedliche Muskelgruppen des Beines (Mm. gastrocnemius, M. soleus, ischiocrurale Muskulatur, M. quadriceps femoris, Adduktoren und Hüftbeuger). Die Dehnmethode

	und 53% nach der Trainings-einheit gedehnt. Die Befragten dehnten besonders den m. gastrocnemius, m. soleus, m. quadriceps femoris, m. triceps brachii und m. deltoideus pars spinalis.	war für diese Gruppe festge-legt. Die Dehnung musste sta-tisch für 20 Sekunden gehal-ten werden. Die Studie ging über einen Zeitraum von 11 Wochen á 40 Einheiten. Die Kontrollgruppe bestand aus 803 Rekruten und hatten die selben Einheiten zu bewälti-gen, bis auf das Dehnen.
Ergebnisse	Insgesamt haben sich 60% der Befragten mindestens ein Mal beim Badmintonspielen verletzt. Verletzungen am Sprunggelenk beträgt (31,7%), Knie und Unter-schenkel (15,5%), Kapseln und Bänder (45,8%) und da-von Muskelverletzungen (29,6%).Bei einer Auswertung von Verletzungen pro 1000 Stunden ergibt sich ein Wert von 0,62. Dadurch konnte je-doch nicht genau resultiert werden, ob das Dehntraining einen Effekt auf die Verlet-zungsprophylaxe hat.	333 Verletzungen wurden re-gistriert, 175 Verletzungen in der Kontrollgruppe und 158 Verletzungen in der Versuchs-gruppe, davon 119 Knochen-verletzungen und 214 Weich-teilverletzungen. Bei den Weichteilverletzungen waren 94 Verletzte der Dehngruppe und 120 der Kontrollgruppe zuzuordnen. Somit kann man sagen, dass Dehnübungen vor einer sportlichen Einheit keine klinisch bedeutsamen Risi-kominderungen auf Verletzun-gen ergeben.

6   Literaturverzeichnis

Cross, K. M. & Worrell, T. W. (1999). Effects of a Static Stretching Program on the In-cidence of Lower Extremity Musculotendinous Strains. *Journal of Athletic Training*, 34 (1), 11-14.

Grosser, M. & Starischka, S. & Zimmermann, E. (2008). *Das neue Konditionstraining – Beweglichkeitstraining*. München: blv Sportwissenschaften.

Häfelinger, U. & Schuba, V. (2010). *Koordinationstherapie: propriozeptives Training* (5 Ausg.). AAchen: Meyer & Meyer.

Janda, V. (2000). *Manuelle Muskelfunktionsdiagnostik* (12 Ausg.). München: Urban & Fischer.

Klion, M. & Jacobson, T. (2013). *Triathlon Anatomie- Der vollständig Ilustrierte Ratge-ber für eine bessere Mehrkampfperformance*. München: Corpres.

Pope, R. P., Herbert, R. D., Kirwan, J. D. & Graham, B. J. (2000). A randomized trial of preexercise stretching for prevention of lower-limb injury. *Medicine and Science in Sports and Exercise*, 32 (2), 271-277.

Schuber, A. (2013). *Dehnungstraining und Verletzungen im Badmintonsport* - Eine Befragung von Athleten des Badminton Verbandes Sachsen e.V..

Weineck, J. (2004). *Sportbiologie* (4 Ausg.). Balingen: Spitta.

7 Abbildungs- und Tabellenverzeichnis

7.1 Tabellenverzeichnis